Josef Anselm Adelmann
Peter Baumhauer
Siegfried Köder

Versöhnung
Bilder zu Passion und Ostern

Süddeutsche Verlagsgesellschaft Ulm

Josef Anselm Adelmann
Peter Baumhauer
Siegfried Köder

Versöhnung

Bilder zu Passion und Ostern

1. Auflage 1982
© Süddeutsche Verlagsgesellschaft Ulm
Ausstattung: Herbert H. Maeser Ulm
Die Bilder in der Susokirche in Ulm
(Seite 27, 39, 43, 55, 71) fotografierte Siegfried Zimprich,
Ulm; die Bilder in der Kirche in Wasseralfingen
(Seite 63, 87, 99, 103) fotografierte Kurt Gramer
Bietigheim-Bissingen; die Bilder auf Seite 35 und 47
fotografierte Foto-Bauer, Aalen.
Herstellung: Süddeutsche Verlagsgesellschaft mbH
7900 Ulm (Donau)
ISBN 3-88 294-041-7

Inhalt

Einführung

»Versöhnt euch mit Gott!« (2 Kor 5,20)
Viele sind sich aber eines Streites mit Gott kaum bewußt, es sei denn mit einem fernen Gott, mit dem es sich so schlecht streiten läßt. Wo kein Streit, da keine Versöhnung.
Schmerzlich bewußt und heftig beklagt werden hingegen die Disharmonie von Natur und Mensch, die Schizophrenie der Einzelnen, vor allem aber der Krieg.
Hier ist der Ruf nach Versöhnung zum Angstschrei unserer Tage geworden.
Versöhnung mit Gott, mit der Natur und unter den Völkern, das alles, so sagte es der Apostel Paulus den Leuten von Kolossä, ist nur möglich im Bund mit *Einem:* »Durch ihn – den geliebten Sohn – haben wir die Erlösung, die Vergebung. Gott wollte . . . durch ihn *alles* versöhnen. *Alles* im Himmel und auf Erden wollte er zu Christus führen, der Friede gestiftet hat am Kreuz durch sein Blut.«
(Kol 1,14 und 20)
Versöhnung meint in diesem Buch: Versöhnung für *Alle* und *Alles* in *Einem.*
Wenn Sie dieses Buch nun zur Hand nehmen, ein wenig darin lesen und vor allem die vierundzwanzig Bilder betrachten, mögen Sie sich an die Ihnen vertrauteren vierzehn Bildstationen des »Kreuzweges« erinnern. Doch die Stationen dieses Buches zu »Passion und Ostern« sind mehr als ein aus den Fugen geratener »Kreuzweg«.

Siegfried Köder verlängert ihn nicht nur in unsere Zeit wie etwa der Franzose George Rouault es meisterlich vermochte, indem er im Zyklus »Miserere« seinem Christus Menschen unserer Tage begegnen ließ. Die Bilder Köders bewegen sich, bewegen uns, aus den Tiefen des alten Bundes steigend, zugleich den Kreuzweg des Herrn vermittelnd und lassen hell leuchten den Osterglauben der Jünger, erreichen schließlich uns.
Da der Künstler als Vikar in Ulm 1973 und 1974 manche dieser Bilder, die er auch »Skizzen« nennt, häufig in der Nacht und am Morgen, nicht selten in Eile, schuf, stehen sie wie der Maler selbst zunächst ganz im Dienst der Menschen in Ulm und waren gedacht als »Predigt mit Bildern« für eine Stadt. Viele dieser Bilder erschienen deshalb auch zunächst Woche um Woche im Ulmer Kirchenblatt.
Um einen weiteren Kreis zu erreichen, werden sie in diesem Buch gesammelt, mit betrachtenden Texten versehen und durch Abbildungen von Ölgemälden bereichert, die hier zum ersten Mal veröffentlicht werden.
Fünf davon wurden für die Kirche St. Maria Suso in Ulm gemalt.
Die Betrachtungen von Josef Anselm Adelmann (I–XII) und Peter Baumhauer (XIII–XXIV) mögen Sie von Bild zu Bild begleiten. Sie ersparen niemand die Mühe, eigene Wege zu suchen und zu gehen.

Josef Anselm Adelmann　7

I

»Du hobst in Ägypten einen Weinstock aus«

(Ps 80,9)

Ich schlage dieses Buch auf wie ein Fremder, schaue auf das erste Bild noch wie von draußen. Werden Texte mir den Zugang erleichtern? Kann ich einstimmen in die Gebete? In der Mitte bleibe das Bild. Was sagt es mir?

mein heimlicher Garten . . .

Mitten im Bild wächst ein paradiesisch schöner Weinstock. Er trägt viele Früchte. Traube an Traube. Sein Stamm ist ein Bündel von Ranken und Wurzeln. Er überragt die rund um ihn gezogene Mauer. Heimlich sucht jeder jenen Ort, der wie ein Hort, – und das ist »Garten« –, ihm war Heimat. Wo er geborgen, umfriedet, gehegt und im Einklang mit der Welt zu Hause war bei Gott. Ein Bild der Sehnsucht.

die eingerissene Mauer . . .

Wie bei einem gesprengten Pulverturm klafft das Loch im Mauerwerk. Der Zündstoff war die Freiheit, der Funke die Sünde. Seit Adam lebt der Mensch unbehaust, ausgesetzt. So geschah es und geschieht es.
Ein jüdischer Beter betet im »Weinberglied« (Ps 80):
»Du hobst in Ägypten einen Weinberg aus,
du hast Völker vertrieben, ihn aber eingepflanzt.
Du schufst ihm weiten Raum;
er hat Wurzeln geschlagen und das ganze Land erfüllt.

Sein Schatten bedeckte die Berge,
seine Zweige die Zedern Gottes.
Seine Ranken trieb er hin bis zum Meer
und seine Schößlinge bis zum Eufrat.
Warum rissest du seine Mauern ein?
Alle, die des Weges kommen, plündern ihn aus . . .
Gott der Heerscharen, wende dich uns wieder zu!
Blick vom Himmel herab und sieh auf uns!
Sorge für diesen Weinstock
und für den Garten, den deine Rechte gepflanzt hat.«
Ein Bild unserer Welt. Eine Bitte für unsere Welt.

Im Ohr die Verse . . .

verwandelt sich das Bild vom geschenkten und dann verlorenen paradiesischen Garten zum Bilde des den Juden versprochenen »Gelobten Landes«. Das Volk (der Weinstock) wuchs zwar vom Meer (links oben) bis zum Eufrat (rechts oben), doch wiederum ist es der innere Aufstand, der Bund und Frieden stört. Feinde können eindringen. Das Volk wird verschleppt. »Alle, die des Weges kommen plündern.«
Ein Bild der Zerstörung.

Christus drinnen und draußen . . .

Er ist selbst »der Weinstock« (Joh 15,1), gewachsen aus der »Wurzel« (Jes 11,1). Aber »Sie stießen ihn zur Stadt hinaus.« (Lk 4,29). So geschah es in Nazareth. So sieht er sein Schicksal: Im Gleichnis von den »bösen Winzern« (Mt 21) hat der Gutsherr einen Weinberg angelegt, einen Zaun ringsum gezogen und einen Turm darin erbaut. Die Winzer aber »packten den Sohn, warfen ihn aus dem Weinberg hinaus und brachten ihn dort um.« So hat »Jesus außerhalb des Tores gelitten.« (Hebr 13,12). Und er schlug die Bresche für uns da draußen, wird »Weg« und »Tür«. Ein Bild der Eröffnung.

Herr, öffne unsere Augen.
Herr, öffne unsere Ohren.
Herr, öffne, unsere Herzen.
Herr, öffne unseren Mund.
Herr, öffne unsere Hände.

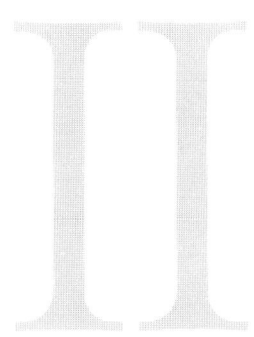

»Aus der Tiefe rufe ich, Herr, zu dir«

(Ps 130,1)

das bin ich nicht . . .
Bin doch unterwegs und hocke nicht im Loch! Seltsam:
Die Juden sangen akurat diesen Psalm, wenn sie auf dem
Weg nach Jerusalem waren und nicht in Löchern hock-
ten. Sie sangen ein Wallfahrtslied.
»Aus der Tiefe rufe ich, Herr, zu dir:
Herr, höre meine Stimme!
Wende dein Ohr mir zu,
achte auf mein lautes Flehen!« (Ps 130,1)

Und doch: im Loch hörte ich mich schreien . . .
Im Granattrichter. In Depressionen. Im Keller der zer-
bombten Stadt. Vor mir die Trümmer meiner Wünsche.
Tief im Loch von Sünde und Versagen. Gräber der
Freunde ringsum. Kreuze für Kinder. Gefangen. Kein
Ausweg. Klimmzüge helfen nicht. Keiner neben mir.
Alles im Bild mündet in der dunklen Grube, alles bewegt
sich dorthin, auch das Licht.

Ich schreie, rufe, klage und warte:
»Meine Seele wartet auf den Herrn mehr als die Wächter
aufs Morgenrot . . .« (V 6)
Der Mann im Loch schweigt und wartet. Das fällt schwer.
Doch gegen alle Gesetze der Natur fließt das Licht, vom
Horizont kommend, auf den Menschen zu, erhellt Rui-
nen und Gräber, die im Schatten liegen müßten, streift
seine Hände und Arme, liegt auf seinem Gesicht.

Raus aus den Löchern! bahnt euch Wege! laßt die Toten!
baut euch neue Häuser und zündet Lichter an . . .
Der Mensch im Loch lebte lang vor Ostern. Noch war das
Grab nicht aufgesprengt, noch fanden die drei Frauen
nicht den Engel »ganz in der Frühe, am ersten Tag der
Woche« (vgl. Lk 24,1). Noch war jener, der sich »Licht«
und »Weg« nannte, und von sich sagte, er sei die »Aufer-
stehung und das Leben« weit hinterm Horizont, ein
schmales Lichtband der Hoffnung. So erlebt es der Mann
im Bild.
»Ich hoffe auf den Herr, es hofft meine Seele,
Ich warte voll Vertrauen.« (V 5)
Und jeder von uns muß immer wieder wie v o r Ostern
leben. Beim Mann im Loch:
»Aus der Tiefe rufe ich . . .
meine Seele wartet . . .!«

Asylanten warten, daß sie aufgenommen werden . . .
Kinder warten, daß sie angenommen werden . . .
Hungernde, daß man ihnen Brot gibt . . .
Gefangene, daß sie die Freiheit bekommen . . .
Alte warten, daß sie sterben dürfen . . .
Gebete warten, daß sie erhört werden . . .
Tiere warten, daß sie leben dürfen nach ihrer Art . . .
Sünder warten auf Versöhnung . . .
Die Welt auf Frieden . . .
Wir warten auf dich.

»Wie ein Lamm, das man zum Schlachten führt,
und wie ein Schaf angesichts seiner Scherer, so tat auch er
seinen Mund nicht auf.«

(Jes 53,7)

Ich sehe vor mir einen Berg ...
Ein Berg von Kinderschuhen. Jeder weiß, wer die Opfer
waren. Man möchte die Augen schließen, die Ohren
verstopfen.

Ich sehe vor mir einen Berg ...
»Golgota genannt, das heißt Schädelhöhe.« (Mt 27,33)
Totenköpfe zuhauf. Adams Schädel soll darunter sein. So
malten es die Alten. Und sie sagten: »Der Tod ist der
Sünde Sold.« (Rö 6,23). Bis ein anderer Adam kam:
»gehorsam bis zum Tod, ja bis zum Tod am Kreuze.«
(Phil 2,8). Auf einem Berg: »Adam I« und »Adam II«. In
einem Bild. In meinem Leben.

Ich sehe das Lamm ...
»Das Schaf tat seinen Mund nicht auf.« (Jes 53,7). So hier
zu sehen: gefesselt und gezerrt mit Stricken. Er aber tat
seinen Mund auf. Er klagte, betete, rief und schrie! Doch
es ließ sich dies Schaf, dieser Tor (in den Augen der Welt)
sich all dies gefallen.

Ich sehe das Kreuz ...
Nicht jenes aus Holz. Ein Kreuz aus Bildzeichen: Stricke,
Lamm und Licht. Für uns zum Zeichen, daß durch das
Lamm »unsere Wunden sind geheilt.« (Jes 53,5). Zeichen
der Versöhnung.

Es kommt der Tag, dein Tag erscheint,
da alles neu in Blüte steht;
der Tag, der unsere Freude ist,
der Tag, der uns mit dir versöhnt.

(Aus einem Hymnus des Stundengebetes in der Fasten-
zeit)

»Einer, der mein Brot aß, hat mich hintergangen.«

(Joh 13,18)

Wollen Sie nicht umblättern? . . .
»Was geht u n s Judas an?« möchte man sagen. So ähnlich sprachen die Hohenpriester und Ältesten (Mt 27,4).

Noch hat er das Brot in der Hand . . .
Vielleicht hat er auch noch das Wort Jesu vom Abendmahl im Ohr: »Einer, der mein Brot aß, hat mich hintergangen.« Johannes berichtet, wie erschüttert der Herr war, als er dann nochmals sprach: »Einer von euch wird mich verraten . . . Der ist es, dem ich den Bissen Brot, den ich eintauche, geben werde. Dann tauchte er das Brot ein nahm es und gab es Judas Iskariot . . . Als Judas den Bissen Brot genommen hatte, ging er sofort hinaus. Es war aber Nacht.« (Joh 13, 23 u. 30). Draußen vor der Richtstätte greift er sich an den Hals, das Brot in der Hand.

Unter den vielen Kreuzen . . .
War Judas ein Enttäuschter? Brach er mit Jesus, weil dieser die Kreuze der vielen, der vielen ungerecht Verurteilten nicht abräumte, vom Berge herunterfegte mit Kraft und Herrlichkeit, wahrlich der erträumte Messias?

Im »Todesberg« Jesu . . .
Der Berg wölbt sich über Judas. Wie festgehalten ist er von der schwarzen Mitte des Berges Golgota. Konnte er anders handeln? Petrus verriet den Herr und »weinte bitterlich« (Mt 26,75). Judas ging hinaus und erhängte sich (Mt 27,5).

Noch sehe ich Licht . . .
über Judas und über uns allen, die wir im »Schuldberg« stehen. Weil er zugleich der »Todesberg« Jesu ist: Ein Schimmer Hoffnung für j e d e n.

Wir empfehlen dir auch jene,
die im Frieden Christi heimgegangen sind,
und alle Verstorbenen, um deren Glauben niemand weiß
als du.

(Aus dem Gebet für die Verstorbenen im 4. Hochgebet
der Feier der Gemeindemesse)

»Seht, da ist der Mensch!«

(Joh 19,5)

Wo ich mich im Bilde finde? . . .
Das ist eine peinliche und verwirrende Frage, denn drei
Menschen schauen mich an.

Kaiphas? . . .
Dem Hohenpriester Kaiphas ähnlich? Weil ich doch
selbst ein Priester, ein Pfarrer, ein Pfaffe bin, wie die
Leute sagen? Weil ich mich auch nicht schäme, dies nach
außen zu bezeugen, wenn auch nicht ganz so prächtig wie
dieser Kaiphas im »Rochett « und »Judenhut«, fast einer
Mitra gleich? Weil ich nachdenklich wäre wie dieser?
Und verschlagen gar, wie er es war?
Wenn ich mich festklammern würde an ein Gesetz, wie
dieser Kaiphas hier im Bild? Wenn ich es als Alibi vor mir
hertragen würde für meine bösen Taten? Ja, dann bin ich
diesem Manne ähnlich.

Pilatus? . . .
Wenn ich, selbst Berater und auch Richter, ein brutaler
Bluthund wäre (die Geschichtler meinen, so wäre Pilatus
gewesen), und doch mir weiße Handschuhe anzöge, so
würde auch bei mir das Blut durchschlagen.
Wenn ich mir die Maske vors Gesicht halten würde, als ob
mich nur Fragen und Zweifel vom »Ja« zu »Jesus von
Nazareth, König der Juden« abhalten würden? Wenn ich

so täte, als wäre ich ein Philosoph und Wahrheitssucher
(»Was ist Wahrheit?« Joh 18,38) und bin doch nur ein
feiger Opportunist. Ja, dann wäre ich, – bin ich? –, dem
Pilatus verwandt.

Jesus? . . .
Wenn ich mich in Jesus selber sähe? So wie manche
moderne Künstler sich mit Jesus identifizieren! Oder
wenn ich ihm wenigstens beständig »gegenüber« bliebe?
So wie ihn mir der Maler Köder zeigt: »Ecce homo!«
Wenn ich mich nicht wehre, so zu werden wie Jesus hier
gezeigt wird: Weizenkorn, schmal und schlank, verwund-
bar und verwundet. Zwischen die Mühlsteine der Mächte
ist er geraten, bedrängt von Kaiphas und Pilatus. Dem
einen (Juden) ein »Ärgernis«, dem anderen (Griechen –
Römern) eine »Torheit« (1 Kor 1,23)? Wenn ich blind
wäre für dies Bild und taub für das Wort: »Wenn das
Weizenkorn nicht in die Erde fällt und stirbt, bleibt es
allein; wenn es aber stirbt, bringt es reiche Frucht.«
(Jo 12,24). Dann wäre ich diesem Jesus nahe.
Wie fern aber ist mir dies Bild, wie nah bist Du mir . . .?

Herr Jesus Christus,
gib uns, hinzuschauen auf dich . . .
Gib uns, daß unsere Augen und unser Geist, die so viel
Eitles und Gemeines trinken Tag um Tag, einmal durch all
die Kulissen dieser Zeit hindurchschauen auf das wahrhaft
Rettende: auf dich, das gestorbene Weizenkorn, aus dem
die hundertfältige Frucht der Liebe gekommen ist, von der
wir alle leben.
Herr, wie zaudern wir, wie wehren wir uns, wenn du uns
als Weizenkorn nehmen willst, wenn du uns herausneh-
men willst aus der Hut der kleinlichen Selbstbewahrung, in
die wir uns großsprecherisch verzogen haben . . .
Führ uns über die Schwelle unserer Furcht . . .

(Joseph Ratzinger, Meditationen zur Karwoche,
28   Meitingen 1969, 14–15)

VI

»... und er ging hinaus und weinte bitterlich ...«

(Mt 26,75)

Wer ist denn das...?
Petrus. Wie ein heulendes Kind hockt er hinter der
Mauer, ist selbst ein Stück Mauer.
Aber vielleicht doch einer,
dem die Frau weggelaufen ist,
dem der Sohn unters Auto geriet,
dem der Arzt sagte: »Noch zwei Monate!«,
der über sich selbst weint?

Das dürfte stimmen...!
»Weint über euch und eure Kinder!«
wird jener andere sagen,
jener andere, der sich zu ihm umdrehte
und ihn anschaute,
als vor zwei Stunden der Hahn krähte
und als es dem Petrus einfiel,
was jener andere vorausgesagt hatte:

»Eh' der Hahn kräht, wirst du mich dreimal verleugnen!«
Und dann war er aus dem Hof des Kaiphas hinausge-
gangen,
weg vom Feuer, das ihn wärmte,
fort von den Menschen, die ihn bedrängten,
flüchtet er vor sich selbst und seinem Wort:
»Ich kenne den Menschen nicht!«.
Da hockt er »und weint bitterlich«,
draußen hinter der Mauer.

Wer ist dieser Haufen Elend...?
Einer, der weiß, daß er versagt hat.
Nun, das passiert andern auch, doch nicht alle haben
soviel Selbsterkenntnis wie dieser grobschlächtige Mann
hinter der Mauer.

Wer ist dieser Einäugige,
der nicht einmal mit diesem einen Auge sehen kann,
da es voller Tränen ist?
Einer, der einsam ist.
Wer hätte auch dies nicht schon erlebt?
Einer, der allein ist wie Judas.
Ja, das ist es, das Einmalige, das Gemeinsame:
Beider Verrat an jenem anderen!
Ist das so einmalig?

Bei dem ist alle Luft raus...,
den bekommt niemand mehr hoch...!
Jetzt laufen ihm Tränen über das Gesicht,
jetzt läuft ihm die Seele über, übervoll der Reue.
Noch ist ihm nicht vergeben.
Noch ist er wie gelähmt.
Aber dann wird er laufen und segeln bis nach Rom und
schreiten ins Martyrium.
Wer traut ihm zu
das bei d e n schweren Füßen!
Er wird freimütig zu den Tausenden am Pfingstfest
predigen, er, der jetzt sich unter seinem eigenen Rockzip-
fel verkriecht.
Und mit jenen plumpen Händen wird er den Lahmen an
der »Schönen Pforte« des Tempels berühren, aufrichten
und »Im Namen Jesu Christi« heilen.
Dieser bäuerliche Mehlsack wird zum Fels.

Was ist das für ein Mann?
Ein Mensch im Dunkeln,
auf dessen Schultern schon Licht liegt.

Herr, du weißt alles;
du weißt, daß ich dich liebe.

(Joh 21,17)

VII

»Er trieb seinen Spott mit Jesus,
ließ ihm ein Narrengewand umhängen . . .«

(Lk 23,11)

Herodes ist enttäuscht...
So sieht man ihn im Bild links unten.
Er wollte seinen Spaß haben an dem Wundermann.
»Ein mittleres Wunder? Das müßte sich doch machen lassen!«
Aber Jesus beachtet ihn nicht.
»Ein Narr«, meint der König, bekleidet ihn mit dem Gewand eines Narren und schickt ihn zu Pilatus zurück.

Pilatus denkt politisch...
Er ist ganz oben links im Bilde zu sehen.
Zu seinen Gunsten, zum Vorteil des Statthalters, wird er die »Sache Jesu von Nazareth« benützen! Immerhin hat der geschickte Schachzug, diesen Jesus zum König Herodes weiterzugeben, ihm schon eine Freundschaft eingebracht, nachdem sie bislang Feinde waren.

Der Großinquisitor ist ungehalten...
Auf der linken Seite ist er die zentrale Figur der Widersacher Jesu. Köder hat seine Gestalt gleicherweise El Grecco und Dostojewski entlehnt.
»Dieser Jesus ist ein Narr. Er verwirrt, wann immer er wiederkommt, die feingesponnenen Netze meiner Macht.«

Ein Narr, eine Närrin...
Man sieht sie auf der rechten Seite des Bildes.
»Sie vertreten unsereiner«, sagt der Maler, »Narren sind wir alle!« Diese haben offenbar in Jesus den »Kollegen Harlekin« gefunden. Köder malt gerne über die Bibel. Nicht weniger liebt er die Harlekine, sieht sich wohl selbst bei ihnen. Für die Berliner Ausstellung 1980 fragte man ihn, ob es kein Bild gebe zwischen Bibel und Harlekinen.

So ist dies Bild geworden: Der »Narr Christus« zwischen den Narren.

auch wir Narren...
verspottet...
unverstanden...
wundersüchtig...
berechnend...
mächtig aus e i g e n e r Macht...?

Jesus, der Narr...?
Es ist nicht nur das Harlekinsgewand mit der Krause.
Hinzu kommt das Licht, das wie Schminke auf seinem Gesicht liegt.
Und es ist auch der Königsmantel mit dem Narren-Karo-Muster.
Er ist wie ein Narr, der ernst bleibt,
wenn andere über ihn lachen:
Herodes, die Soldaten, die Menschen unterm Kreuz.
Auch uns wird sein Kreuz und Leiden zur Freude.

Jesu Haupt verschwindet im Dunkel.
Es bleiben Fragen:
»Weiß leuchtet Dein Narrengewand. Warum warst Du so »närrisch« dich in den Menschen zu verlieben? Warum, Jesus, antworte mir!« »Rot Dein Blut und Dein Mund. Warum gabst Du dich und Dein Wort in unsere Hand? Warum, Jesus, antworte mir!«

O du mein Volk,
was tat ich dir?
Betrübt ich dich?
Antworte mir?

(aus dem Karfreitagsgottesdienst)

VIII

»Er trug sein Kreuz und ging hinaus . . .«

(Jo 19,17)

Wir haben uns daran gewöhnt...
Überall sieht man des Christus Bilder:
auf Leinwand, in Mosaik, auf Porzellan, im Schlafzim-
mer, in der Kirche, auf den Bergen. Hier ist kein Christus
zu sehen. Jedenfalls nicht »mein« Christus. »Jeder hat
wohl seinen Christus« meint Köder. Den kann er und will
er nicht malen.

Jesus nimmt sein Kreuz auf...
Er ist verschwunden hinter dem Kreuz, er nimmt das
Kreuz, jenes aus dem Jahr dreiunddreißig und das in der
Strafanstalt von Plötzensee und all unsere Kreuze in
sich auf, in seinen Kreuzestod und seinen Ostermorgen.

Das historische Kreuz, von dem wir ein Stück gemasertes
Holz sehen, ist naturalistisch gemalt ebenso wie die
Eisenschiene mit dem Blutrost und den Fleischerhaken,
an denen Männer vom zwanzigsten Juli aufgehängt wurden. Der hölzerne und der eiserne Balken werden zum
einen Kreuz.

Wir haben uns daran gewöhnt...
an die Kreuze, die jeden Tag irgendwo errichtet werden.
Wir sollten uns nicht daran gewöhnen und daran uns
erinnern, daß da jeden Tag einer sagt »Ich nehme das
Kreuz auf mich!«, denn er ist einer wie Christus.

Der Jesuitenpater Alfred Delp wurde am 2. Februar 1945
in Berlin-Plötzensee hingerichtet.
Er schrieb kurz zuvor an sein Patenkind:

Es segne dich und führe dich der allmächtige Gott, der
Vater und der Sohn und der Heilige Geist...
das habe ich mit gefesselten Händen geschrieben; diese
gefesselten Hände vermache ich Dir nicht, aber die Frei-
heit, die die Fesseln trägt und in ihnen sich selbst treu
bleibt, die sei Dir schöner und zarter und geborgener
geschenkt.

IX

»Herr, wann haben wir dich hungrig . . . durstig . . .
fremd . . . nackt . . . krank . . . gesehen?«

(Mt 25,35 ff.)

Wann könnte dies geschehen sein . . .?
Auf seinem Weg durch die Stadt, so sagt die Legende,
habe eine Frau mit Namen Veronika, dem Herrn ein
Tuch gereicht und dort blieb ihr sein Antlitz.

Was uns davon blieb . . .?
Siegfried Köder meint dazu:
»Vielleicht dies: Alle können so unmenschlich nicht
gewesen sein. Wenigstens eine, die sich erbarmt. Aus der
Macht des Verrats zieht sich eine blutige Spur. Da ist
Vorübergang des Herrn. Als er gegangen ist, hat er
jedem Stoff, der aus Mitleid gewoben ist, sein Gesicht
gegeben.«

Was vermag das Bild . . .?
»Die Legende – das, was die Menschen lesen sollen – will
das Bild dessen festhalten, von dem der Brief an die
Kolosser schreibt, daß er ein Bild des unsichtbaren
Gottes ist. Jesus selbst gibt sein Bild auf ein Stück Stoff.
Das Tuch der Veronika wird zur ersten Leinwand, die je
sein Gesicht getragen hat. Seitdem haben es die Maler
immer wieder versucht, der heiligen Fläche und ihrer
Botschaft nachzudenken und nachzudichten. Die
Memoria Christi ist für uns darin aufgehoben. Im heiligen
Bild, das in den Ikonen der Ostkirche fast zum Sakrament
wird.
Ein Tuch kann sein wie eine Landschaft. Eine Landschaft
kann sein wie ein Gesicht. Da sind die Furchen in der
Fläche der Stirn. Da ist der Rücken der Nase, der in die
Täler der Wangen hinabfällt und da sind die Mulden der
Augen und der schmale Einschnitt des Mundes, die
Furchen und Rinnen, die aus den Falten des Tuchs ein
Gesicht offenbaren. Seitdem ist sein Gesicht unserer
Erde eingegraben. Das Gesicht eines Mitleidigen, von

dem George Rouault in seinem Miserere geschrieben
hat: »Jesus sera en agonie jusqu' à la fin du monde . . .«

Heute – damals . . .
»Heute auf dem Bild Linien, Schatten, Modellierungen,
Schrägen, Waagrechte, Senkrechte, Hell und Dunkel.
Damals dort in Stoff-Falten Spuren von Schweiß und
Blut. Das Gegenstandlose, das Gefühl, Schmerz, das
Heilige, der Heilige, drückt sich ein und aus – Impression
und Expression – im Gegenständlichen des Tuches,« im
zarten Heben und Halten des Tuches, im gesenkten Blick
der Frau. »Ein paar Striche zuviel und alles gerät zum
Zuviel eines Passionstheaters. Das Geheimnis bleibt im
Zwischen von Wirklichkeit und Abstraktion.«[*]

»Was ihr für einen dieser Geringsten getan habt, das habt
ihr auch mir getan.« (Mt 25,45) . . .
Zwei Hände halten das Tuch, zwei andere einen Napf. In
der Ungewißheit, ob es Jesu Hände sind, oder die eines
Schwarzen, die da bitten und betteln, liegt das rechte
Sehen, das biblische Verstehen; im Versuch, dem
Geringsten zu helfen, gelingt Christusbegegnung.

[*] Mit freundlicher Erlaubnis zitiert aus dem Jahrbuch des Kunstvereins der
Diözese Rottenburg-Stuttgart 1978, S. 143 f.

Herr, sei den Künstlern mit deinen Eingebungen nahe.
Herr, laß uns wiederfinden in Deinem Antlitz das Gesicht
des Menschen.

X

»Wer mein Jünger sein will, der verleugne sich selbst, nehme sein Kreuz auf sich und folge mir nach.«

(Mt 16,24)

für einen Mann gemalt . . . ,
der niedergeworfen und in der Mitte des Lebens, im
vollen Bewußtsein, daß er nicht mehr aufstehen wird,
dieses Bild schaut, das der Künstler ihm malte und ins
Krankenzimmer brachte.
Er starb unter diesem Bild.

Wir sind dem kranken Mann verwandt . . .
Wir sind wie der e i n e unterm
Kreuz, wie einer von vielen,
die fielen . . . gefällt wurden . . . zusammenbrachen.
Jesus ist der a n d e r e Mann,
der wie die vielen, fiel . . . gefällt wurde . . .
zusammenbrach.
Zwei Menschen im Gleichklang
der Belastung,
der Bereitschaft,
bereit einander zu helfen
auf dem Kreuzweg.

vor ihnen die Sonne . . .
doch verhüllt ist sie.
Geht die Sonne schon auf zum Ostermorgen?
Die beiden schauen
nicht auf die Sonne.
Sie schauen, zwei Menschen unterm Kreuz,
einander an,
beide auf dem Weg zum Tod.
Wer trägt das Kreuz? Wer hilft dem anderen?
Sie tragen miteinander.

Gott hat ein Herz für den Menschen:
Jesus ward einer von uns.
Gott hat ein Herz für den Menschen:
Jesus ist dieses Herz.

(Aus dem Gotteslob Nr. 552)

XI

»Viele Stiere umgeben mich, Büffel von Baschan umringen mich. Sie sperren gegen mich ihren Rachen auf, reißende, brüllende Löwen.«

(Ps 22,23 und 24)

wenn man die Passion einmal so filmen würde...?
Der Herr wurde aufgehängt wie ein geschlachtetes Tier,
sieht nun vom Kreuz herab
auf die Menschen, die ihn hassen,
auf gewalttätige Menschen, die die Augen weit aufsperr-
ten und doch blind blieben, die ihre Mäuler aufrissen und
besser den Mund gehalten hätten.

Wenn man die Passion mit den Augen des Matthäus
sieht...?
Dann sind die Menschen unter dem Herrn
»Stiere« – »Büffel«.
Dann betet der Gekreuzigte den 22. Psalm:
»Viele Hunde umlagern mich,
eine Rotte von Bösen umkreist mich.
Sie durchbohren mir Hände und Füße.
Man kann alle meine Knochen zählen;
sie gaffen und weiden sich an mir.
Sie verteilen unter sich meine Kleider
und werfen das Los um mein Gewand.
Du aber, Herr, halte dich nicht fern!
Du, meine Stärke, eile mir zu helfen.«(Ps 22,17–20)

Da man sich selber im Bilde suchen wird...!
Findet man sich als Spötter –
als Gewalttäter – als Wunde am »Leib Christi« –
als Gleichgültiger?
Die Pinselstriche, die die Gesichter schnell
auf dem Papier entstehen ließen,
– in Eile mußte der Maler als Vikar seine
Bilder, oft mitten in der Nacht, entwerfen –
die Pinselstriche also für Gesichter und für Wunden
gleichen einander: Gesichter, die verwunden:
Es tanzen die Gesichter unter ihm,
wie die neunschwänzige Katze auf seinem Rücken.

Mein Gott, mein Gott, warum hast du mich verlassen

(Ps 22,2)

»Jesus aber schrie noch einmal laut auf.
Dann hauchte er den Geist aus.
Da riß der Vorhang im Tempel von oben bis unten
entzwei.« *(Mt 27,50 und 51)*

Der Schrei...
ist der Todesschrei Jesu.
Er ist wie ein Signal im Ohr der Menschen.
Er steht steil im Bild, im Körper dieses Mannes
erreicht er seine furchtbare Höhe im Haupt,
das im Dunkel verschwindet.
Aber das »Spiel« geht weiter!
Zwar ist es ein neues »Spiel«,
denn der Vorhang des Tempels zerriß!
Doch überall, von allen Bühnen des Lebens,
hört man seinen, unseren Schrei:
»Eli, eli, lema sabachtani?
Das heißt:
Mein Gott, mein Gott, warum hast du mich verlassen?«

Der Vorhang...
Er zerreißt von oben bis unten entzwei.
Jesu Leben,
sein Fleisch, ausgespannt nach rechts und links,
nach oben und unten, zerreißt
mit einem Schrei,
auf der Streckbank
der Folter,
zwischen Vertrauen und Verzweiflung.
Über alles menschliche Maß gestreckt, ausgespannt,
stirbt er.
Der helle Leib des Sohnes
vor dem Dunkel des Vaters.

Der Weg ist frei...
»Wir haben also die Zuversicht, Brüder, durch das
Blut Jesu in das Heiligtum einzutreten.
Er hat uns den neuen, lebendigen Weg erschlossen
durch den Vorhang hindurch...« Hebr 10, 19 20
Den Juden war der Zugang zum »Allerheiligsten« im
Tempel verwehrt. Nun fällt die Schranke, geht der Vor-
hang auf! Der Weg ist frei. So ist erschlossen der »neue
und lebendige Weg« durch den Vorhang hindurch.
Und: »Sein Weg ist wahr!«
Alle anderen sind alte »Wege«, häufig »Umwege«.

Auf der Bühne des Lebens gilt jetzt:
»nur die Liebe zählt...!«
Das bislang verborgene »Allerheiligste«
mag weiterhin in Gold und Elfenbein,
in heiligen Schriften und Schaubroten
verborgen und geborgen sein,
zutiefst aber öffnete er sein Herz.
Er selbst zog den Vorhang fort.
Erlaubt ist nun der Blick auf das
»Herz Jesu«.
Nur noch »die Liebe zählt«,
alles andere ist zweitrangiges Theater.

Wofür sollen wir leben,
sag uns wofür?
So viele Gedanken,
welcher ist wichtig?
So viele Programme,
welches ist richtig?
So viele Fragen!
Die Liebe zählt.

(Lothar Zenetti im »Gotteslob« Nr. 623)

»Mose . . . weidete das Kleinvieh . . .
Da erschien ihm der Engel des Herrn als eine
Feuerflamme,
die mitten aus einem Dornbusch hervorschlug.«

(Ex 3,1 und 2)

Wer wollte nicht, daß sein Leben hell sei, daß seine Tage im Frieden wären und ihre Konturen klar! Niemand will die Finsternis, keiner die Nacht; will denn jemand die Wunde? Wir schließen vor dem Unglück gern die Augen, wollen es fliehen, atmen auf, wenn es uns schont und die anderen trifft. Eine Schwester des Mitleids ist die Dankbarkeit dafür, daß uns selber die Not nicht traf, die Krankheit, der Tod. Das ist nicht einfach mangelnde Liebe. Wir sind Kinder der Angst. Unser Herz trägt schwer an seiner Verwundung und weicht zurück, soll es an fremden Verwundungen tragen. Das ist nicht einfach mangelnde Liebe. Es ist die Gebärde der Schwachheit. Unser bescheidenes Glück wollen wir furchtsam bewahren.

Der Himmel ist düster. Um uns und durch uns hindurch wächst das Gedorn, Zeichen des versunkenen Eden. Im Dornenland Leben wollen wir unser bescheidenes Glück, die letzten Erinnerungen an Eden, bewahren. Darum schrecken wir zurück vor dem Unglück. So menschlich ist das und begreiflich!
Aber ist es nicht unerleuchtet und gottfern?

Gott ist anders. Und Gott erleuchtet.
Am Horeb vor Mose nannte er seinen Namen und versprach uns Eden aufs neue. Sein flammendes ›Ich bin, der ich bin‹, seine Feuerverheißung aber waren durchdrungen vom Dorn. Der Dorn war mitten im Gottlicht, und Gottlicht war mitten im Dorn.
Das zeigt unser Bild. Im Licht wohnt die Wunde und in der Wunde das Licht. Gott ist uns Menschen schmerzdurchdrungenes Feuer. ›Ich habe das Elend meines Volkes . . . gesehen und ihr Geschrei gehört . . .; ja, ich kenne ihre Schmerzen . . .‹ (Ex 3,7).

Gott ist wundendurchdrungenes, dorndurchdrungenes Feuer. In sich trägt er den Dorn, alle Trümmer von Eden, alles Erlöschen, alle Zerstörung. Edens Untergang trägt er in seinen Händen, in seiner Stimme. Er trägt das tote Eden im Herzen.
So spricht er mit Mose. So wandert Gott vor Israel her, eine glutende Säule, wankt dornengekrönt durch Jerusalems Gassen, durchwankt die Straßen der Welt und stirbt. Mit Jesus stirbt Gottes erstes ›Es werde!‹ Es stirbt der Schöpfungsruf nach Pflanze und Tier. Es stirbt sein erster Ruf nach dem Menschen: ›Laßt uns . . .‹ ihn ›. . . machen nach unserem Bild . . .!‹ (Gen 1,26), um erstehend zum Siegschrei zu werden: ›Siehe, alles, alles mache ich neu!‹ (Apk 21,5).
Ein neuer Himmel wird durch den erstandenen Logos und eine neue Erde, und es wird ein anderer Mensch. Sein Antlitz ist dem Lichtdornenantlitz Gottes verwandt; sein Weg durch die Zeit sind die Wege der Wolke vor Israel, sein Schicksal ist ähnlich dem Schicksal des leidenden Gottlamms, des Königs der Dornen.
Um uns und in uns der Dorn ist Gottthron geworden. Sichtbar im Leid werden die Wege nach Eden; hörbar im Dorn werden die Lockrufe Gottes.

Wir sind Kinder gesegneten Leids, gesegneter Ängste. In Gottlicht getaucht ist unser verwundetes Herz. Eingetaucht in unser verwundetes Herz ist das Gottlicht. Begreiflich ist's, wenn wir den Dorn zu meiden versuchen. Erleuchtet sind wir und näher bei Gott, wenn wir lernen, in ihm die Stimme des Herrn zu erkennen.

Zeige uns, Gott, deine Nähe.

»Der Herr ist mein Licht und mein Heil . . .
Der Herr ist meines Lebens sicherer Schutz, vor wem
sollte ich erschrecken?«

(Ps 27,1)

Wo soll Bergung sein, wenn Gefahr übermächtig das Haus umschleicht? Seine Mauern, und seien sie meterdick und tief in die Erde gekrallt, sind eine aufgebrochene Tür und zertrümmerte Fenster. Wo soll Bergung sein, wenn übermächtig der Feind uns umlagert, wenn in uns Trauer und Schuld und Krankheit und Einsamkeiten und das hilflose Altern Zelte errichten?
Wo soll Bergung sein im Haus unseres Lebens, wenn Tod droht und das Erlöschen?

Gefahr lauerte vor Israels Tür.
Der Tod wartete vor Israels Toren.
Israels Mauern barsten unter dem Griff von Tod und Gefahr.

Draußen tanzten die Plagen den zehnfach scheußlichen Tanz des Verderbens. Sie tanzten und hielten die Qualen umschlungen, die Pharao lange ersann.
Niemand konnte sie scheiden.

Der Sterbeschrei der Kinder Ägyptens mischte sich mit dem Todschrei von Abrahamskindern. Die Angst trug im Herzen der Menschen dasselbe Gewand.
Wer konnte sagen: Diese Wunde schlug die Waffe des Herrn, und jene wurde von Pharaos Flüchen geschlagen?
Israel war von Untergängen umgeben. Wo war das Antlitz des Herrn? Waren die Untergänge sein Antlitz?

Aber das Volk dachte an seinen Vater Jakob, dessen Name ›Gott leuchtet‹ es trug. Jakob hatte im Finstern gekämpft und den Gegner gezwungen, segnend Erleuchtung zu werden. Es gedachte der brennenden Worte des Mose und aß gehorsam in allen Ängsten das Lamm. Stehenden Fußes aß es das Zeichen des Todes und begann in der Kraft dieser Speise glaubend den Weg in sein Leben.

Wo soll Bergung sein, wenn übermächtig Gefahren das Haus unseres Lebens umschleichen?
Im leuchtenden Wort unseres Gottes!
Die Mauern, und seien sie meterdick und tief in die Erde gekrallt, sind eine zerbrochene Tür und zertrümmerte Fenster, wenn übermächtig der Feind uns umlagert.
Wo soll Bergung sein?
Im Wort unseres Gottes, in der Kraft des geschlachteten Lamms!

*Schütze mich, Gott, und laß mich sicher sein in der Burg
deiner Liebe.*

»Ich bin der gute Hirt.
Der gute Hirt gibt sein Leben für die Schafe . . .
Deshalb liebt mich der Vater, weil ich mein Leben
hingebe . . .«

(Joh 10,11–17)

Der Gottessohn ertrank in seinem letzten, gellenden Schrei (Mk 15,37).
Der Todschrei ertrank und ging unter im Gelächter der Henker, im Meer aus Schmerz und Sterben. Und das Kreuz war der Mahlstein vernichtender Qual am Hals des Gerechten.
Das alles ist wahr!

Und wahr ist, daß tausend Jahre zuvor Lämmer in Ägypten starben in erschütternder Wehrlosigkeit, die schönsten Lämmer des Landes.
Und wahr ist: Ihr zerrinnendes Blut wurde zum Schild an Israels gefährdeter Tür und zur siegenden Macht in Israels geschundenem Herzen.
Das Schwache verwandelte sich in Kraft. So schritt Israel im Zeichen des Bluts in die Freiheit aller Verheißung, in die Freiheit gläubiger Suche nach bergendem Land.

Diese Demut Gottes!
Seine Macht und die Glut rettender Liebe birgt er ins Bild eines Lamms. Tausend Jahre lang bettet er dieses Zeichen ins sinnende Herz seines Volks, ins zweifelnde, verzweifelnde Herz, in sein Beten und Hoffen und Suchen.

Diese Demut Gottes!
Sie ließ das Zeichen des Lammes reifen von Wahrheit zu Wahrheit durch die Jahrhunderte hin, bis es sich für alle Welt erfüllte im Opfertod des Sohnes, des wahren Gotteslammes.
Sein Blut ist rettender Schild an den Türen der Menschen. Christus ist Aufbruchsignal gestern und heute, das uns herausführen will aus den Kerkern der Gottesferne, die wir seit Adam wieder und wieder errichten.
Christus ist Lockruf nach der bergenden Heimat, leuchtend weisendes Wort des Vaters inmitten des Wahnsinnstanzes der mordenden Qual, inmitten des Hohngelächters der Blutherrscher aller Epochen.
In allen Finsternissen strahlt auf das Antlitz des Vaters, eine flammende Säule dem, der glaubt, und rettender Weg und Wahrheit und Leben.
Die Meere der Bitternis sind nicht mehr uferlose, verschlingende Tiefe.
Gott ließ seinen einzigen Sohn in ihnen ertrinken, damit sein Untergang unseren Füßen tragender Grund werde und das Kreuz unser Anker.

»Hochpreisen will ich dich, Herr; denn du zogst mich aus der Tiefe empor und ließest meine Feinde nicht über mich jubeln.«

(Ps 30,2)

XVI

»Symeon . . . sprach zu Maria: ›Siehe, dieser ist bestimmt zum Fall und zum Aufstehen vieler in Israel und zu einem Zeichen, dem widersprochen wird – auch durch deine Seele wird ein Schwert gehen‹ . . .«

(Lk 2,34 und 35)

Toter Jesus, dessen erloschenes Antlitz sich birgt im schmerzgeprägten Gesicht seiner Mutter.

Marias Züge sind zur Bahre geworden für Gottes zerbrochene Züge. Die toten Augen des Sohnes sind in den trauergeschlossenen Augen der Mutter begraben, die tote Stimme des Sohns in der Klagestimme der Mutter und sein getötetes Herz in ihrem blutenden Herzen. So ist Maria Bahre und Grab – lebendiges Grab.

Ihr Leib, die starken Arme bergen erschüttert und doch in der Kraft, die Schmerzen entwächst, ihren Sohn, Israels Sohn, die zertretene Blüte von Isais Baum. Ihr Leib, die starken Arme bergen erschüttert und doch in der Kraft, die Gott in den Schmerz pflanzt, um ihn nicht zum einzigen König der Menschen werden zu lassen, Jahwes ur-alten Ruf: ›Ich bin, der ich da bin für dich‹ (Ex 3,14), den spottumlagerten Ruf, den verfluchten, den niedergeschrienen, den zertrampelten Gottruf.

So ist auf der Schädelstätte, unter dem Kreuz, Maria ihrem Sohn lebendiges Grab, in aller Finsternis bergendes Grab. Ein mühsam und schmerzenerfüllt begreifendes Grab ist Maria, eine dämmernd erhellte, eine sich erhellende Gruft; ein Grab, das nicht bleibende Nacht ist in unverrückbarem Fels, sondern das sich atmend zu öffnen vermag.

Es vermag sich zu wandeln, kann sich erheben, sich lösen vom Leidfels, um über Berge der Qualen hinweg, durchs finstere Meer zu wandern, im Arm den Sohn, den toten – in dem ihr Glaube dennoch den Stab des Mose erkennt und ihre weinende Hoffnung die Wolke und Israels Feuersäule bei Nacht.
Alle Gottlieder ihres Volks erkennt sie in ihm; und sie weiß: Jesus ist und bleibt der lebendige Logos, der Sohn; die Edenverheißung ist er, der Weg zum Herzen des Vaters und Licht und, unsterblich, die Wahrheit.

Ave Maria!

XVII

»So spricht . . . der Herr:
›Seht, ich lege in Sion einen Stein,
einen bewährten Stein, einen kostbaren Eckstein,
der festgegründet ist.
Wer vertraut, geht nicht zugrunde‹ . . .«

(Is 28,16)

War Eden nicht eine einzige Liebesgebärde, verstehend und stützend? War Eden nicht des Schöpfers sichtbarer Wille, ganz eins zu sein mit den Menschen, Gottzüge ihm einzuformen, unser Gesicht in seine Herrlichkeiten zu betten?
Welche Begegnung von Gottgeist und Menschengeist war möglich, welche Begegnung von Menschwort und göttlichem Logos!
Welch wundersames Miteinander, welche Vollendung!

Unglaublich muß die Maßlosigkeit am Baum der Erkenntnis gewesen sein, unglaublich die Verwirrung, in der Adam das alles ließ und davonging und jedes Gespräch mit Gott von sich wies und meinte, sich selber genug sein zu können – jenseits des Logos, jenseits allen wirklich erhellenden, beglückenden Geistes! Diese Dumpfheit im Menschen seitdem, diese Dunkelheiten des Geistes, des Herzens! Diese Verwundbarkeit alles Guten, diese wilde Macht der Zerstörung! So selten sind in den Meeren der Nacht leuchtende Inseln.
Diese Ratlosigkeiten, seitdem Adam sein Haus zu bauen versuchte, ohne es auf das Gottwort ›Es werde!‹ zu gründen.

Und über dem allem und durch dies alles hindurch unseres Gottes Erbarmen!
Der Baum der Scheidung der Geister wuchs noch einmal auf – im Herzen der Juden.
Der Baum der Scheidung der Geister wächst noch einmal auf – in unseren Herzen.
Noch einmal lädt er ein zum Gespräch. Noch einmal wirbt um uns Gottes Wort, das Adam verletzte, als er davonging, das wir immer verletzen, wenn wir davongehen.

Gott wird bluten, solang er dem Menschen, dem edenfernen, begegnet. Und Gott wird uns dennoch immer erwarten mit dem versehrten Herzen des ersten ›Es werde‹! Unser geängstigtes Herz, das umgetriebene, Gott will es bergen, will ihm Dach sein und schützende Mauer. Er will es wärmen mit dem Leuchten seines Gesichts, damit wir nicht beladen seien mit Ungewißheit und Furcht, sondern zu leben vermögen, kraftvoll und hoffend, aus der spürbaren Nähe des Logos, der das Menschenherz schuf mit aller Phantasie des eigenen Herzens, der mit ihm sprechen möchte in aller Phantasie des ewigen Geistes, der unser Herz hält in der Kraft seines Herzens, der uns trägt, trägt . . .

Darum auch das Bild des gewaltigen Grundsteins für dieses Gottwort, das hält. Als Eckstein macht es das Gefüge unseres Lebens stark, gibt ihm Kraft.

War dieser Logos nicht, ist dieser Eckstein nicht, dieser Granit aus ›Es werde‹! das unerschütterliche ›Ja‹ Gottes zu uns, zu seiner Schöpfung?

Baue uns auf, Herr, auf dem leuchtenden Fels deines Herzens.

XVIII

»Ich hörte eine laute Stimme aus dem Himmel rufen:
›Siehe, das Haus Gottes ist bei den Menschen! . . .
Ja, Gott selber ist bei ihnen . . . Der Tod wird nicht
mehr sein; und keine Trauer ist, kein Klagegeschrei
und kein Schmerz‹ . . .«

(Apk 21,3 und 4)

Erde, lichter, armer Dunkelplanet; voll Erinnerungen an Eden, voller Trümmer von Eden.

Im Lichtspiel der Sonne sind Reste des Paradieses, im Duft einer Blüte, im Abendvogellaut, im Menschenlachen, im spielenden Kind.

Aber Menschentrauer ist auch, Leiden, das verendende Tier, Verwelken und Düsternis. Das sind die Trümmer von Eden.

Wundes und Heiles wohnen auf unserer Erde beisammen, Blüte und Welken, Müdigkeit und Kraft, Tränen und Hoffnung, Zuversicht, die hilflose Geste. Und oft sieht es aus, als beherrsche Weinen das Lachen, als sei Verwelken Herr über die Blüte und Lichtloses mächtiger König über das Helle.

Das zeigt auch der Künstler, der leidende Menschen zur Erdkugel häuft. Nackte, gefesselte Menschen im Finstern, denen Schmerz übermächtig die Blicke vermauert. Arme Menschen, lichtlos im Leid, ohne Ausblick auf Rettung.

Wer wollte sagen, das sei nicht ein Abbild unserer Zeit, deren Tage dahinwanken, über und über beladen mit Kriegen und Not, mit Hunger und Folter, mit Unwissenheit und einsamem Elend, mit Krankheit, Enttäuschung, mit Schreien nach Hilfe, lauten, geflüsterten Schreien! Wer wollte sagen, das sei nicht ein Abbild unserer wankenden Tage; beladen sind sie mit zähnebleckenden Waffen, beladen mit ausgebeuteter, mit zerstörter Natur, mit verseuchtem, verkümmerndem Leben! Wer wollte sagen, unsere arme Zeit sei damit nicht über und über beladen? Freilich, Schönes ist auch: die betörende Pflanze, ein eiliger Käfer, der Liebenden Umarmung. Glückliches Lachen der Welt ist auch. Aber oft ist es kaum mehr vernehmbar.

Deswegen waren nie lautere Rufe nach radikaler Befreiung des Menschen zu hören, nach seiner Befreiung aus Angst, Krankheit, Hunger und Elend. Nie wurde energischer Rettung für Pflanze und Tier gefordert. Die Rufe nach Eden, nie waren sie mächtiger als heute; der Schrei nach Lichtem, der Sehnsuchtsschrei nach einer helleren, wärmeren Erde, nach menschenwürdigem Leben in heiler Natur.

Und nie war ein anderes, Schreckliches, deutlicher sichtbar als heute – daß nämlich die Rufe nach Eden so schnell Blutschreie werden und zur brüllenden Waffe. Daß die Erkenntnis, wir können Eden aus eigener Kraft nicht formen, in trotzigem Dennoch den Pflug so schnell zum Schwert umschmiedet und den Hammer zur Keule, ist schreckliche Wahrheit, die heute sichtbarer ist als jemals zuvor.

Wir können das Schöne in uns und um uns nicht zum dauernd bergenden Raum fügen. Immer wieder brechen, kaum aufgeführt, seine Mauern und zerfallen in die Steine des Anfangs.

Aber Gott, nur er vermag es, pflanzt Eden. Das ist die Hoffnung im Bild. In das Elend der Erde, in all ihre Schönheit pflanzt er den Kreuzbaum und an ihm Isais Blüte, den Sohn. Der Kreuzbaum gräbt seine Wurzeln in Gutes und Wundes und trinkt, wie andere Bäume Wasser, beides. Und seine Blüte wandelt beides in ihren unsäglichen Duft, der als Atem des Logos am Anfang Eden schuf, um es als Ewigkeit für uns aufs neue zu schaffen. Das nennen wir Erlösung.

Gott, schenke uns Schönes
und wehre dem Leid nicht,
damit wir das Herz des Kreuzes erfahren.

»Um die neunte Stunde rief Jesus mit lauter Stimme:
›Eloi, Eloi, lema sabachthani? – Mein Gott, mein Gott,
warum hast du mich verlassen?‹ . . .«

(Mt 27,45)

Sterben – unter seinem Joch und beladen mit ihm ziehen wir den Karren der eigenen Tage die Straße der Zeit. Einmal wird Halt geboten an unserem Tor hinein in die Erde und heraus aus der Welt. Dann erlöschen die Wege; die freundlichen Wege, wir sind sie singend und scherzend gegangen, erlöschen; die dorndurchwucherten Wege erlöschen; was licht war, erlischt. Alle Konturen der Zeitwelt zerbrechen. Sterbend sind wir nahe dem lichtlosen Chaos des Anfangs – ohne Blume und Stein, ohne Bäume und Gras, ohne Vogelstimme und Wolke, ohne Sommer und Schnee, ohne Sonne und Stern. Sprach-los stehen wir an unserem Tor hinein in die Erde, heraus aus der Welt. Allein im Dunkel ragt auf und hilflos die Nacktheit unseres Endes.

Wer wollte wagen, das Sterben zu schmücken, den Tod zu verschönen? Sterbenmüssen ist grausam.

Das menschgewordene Gottwort selber wurde unter den Keulenschlägen des Tods zum hilflos bettelnden, weglosen Schreien:

›Mein Gott, mein Gott, warum gingst du von mir?‹ (Mt. 27,46)

Dennoch, Jesus hat gewagt, die Nacht des Tods zu erhellen.

An seinen Schrei der Verlassenheit kettet er Gott; er gibt ihn nicht her, er behält den Fernen bei sich, klammert sich an ihn mit letzter, sterbender Kraft. Jesus schickt seinen Schrei aus, daß er Gott suche und belädt ihn zugleich mit der Nähe des Fernen: ›Mein Gott, mein Gott, warum hast du mich verlassen?‹ Dreimal wird Gott in diesem fragenden Aufschrei genannt und dreimal als nah und vorhanden.

Das Wörtchen ›mein‹ holt ihn ganz an Jesus heran, in Jesus hinein und wandelt das unnahbare Substantiv ›Gott‹ in dem Augenblick um ins zugängliche ›Du‹, als Jesu Verlassenheit aufschreit wie nirgendwo sonst in den heiligen Schriften.

Das Bild einer Waage wird sichtbar.
Licht und Dunkel, Leben und Tod, Gott und die Leere treten mit ihrem ganzen Gewicht in diesem Schrei einander entgegen. Wie groß war Jesu Verlassenheit, daß es des dreimaligen Rufs nach dem Vater bedurfte, um ihr Schreckensgewicht erträglich zu machen!
Jesus hat gewagt, die Nacht seines Tods zu erhellen. Den Namen des Vaters formte er seinem Menschenschrei ein. Er formte sein zerbrechendes Rufen um in den Namen des Vaters. Er hat seine sterbende Stimme vermischt mit der fernen Nähe des ewigen ›Du‹. Er verband seine Nacht mit ewigem Licht.
Sterben und Leben begegnen sich in Jesu Todschrei. Das Leben hat größeres Gewicht.
Die Waage neigt sich Ewigem zu.
Erloschene Wege beginnen zu weisen.
Die sprachlose Fratze des Tods, sie kann uns nicht mehr ummauern, sondern zerbricht.
Ein neues, sprechendes Antlitz wird.
Alles Sterbliche stirbt in dieses Gottesantlitz hinein.

»Vater, in deine Hände befehle ich meinen Geist! «

(Lk 23,46)

»Wahrlich, wahrlich, ich sage euch,
ihr werdet weinen und klagen . . . Ihr werdet trauern,
doch eure Trauer wird Freude werden.«

(Joh 16,20)

Erschüttert vom Tod des Meisters bückt Maria von Magdala sich in das Grab; erschüttert, weil Jerusalem seine edelste Blüte zertrat, weil auf Jerusalems höhnenden Lippen die Worte des Mose und aller Propheten verdorrten. So blickt Maria von Magdala vorgebeugt in das Grab.

Aber sie sieht nicht Verwesung.
Ihre Trauer erkennt im Dunkeln: Das Tote, zwischen Leben und Leben gezwungen, ist nicht mehr vorhanden. Der Leichnam ist fort. Wo er lag, spannen sich von Engel zu Engel aus Wort und Wort Konturen leuchtend erstandenen Lebens.
»Der eine Engel saß dort, wo das Haupt, der andere, wo die Füße des Leichnams Jesu gelegen hatten. Die Engel sagten zu ihr: ›Frau, warum weinst du?‹ ... Sie wandte sich um und sah Jesus dort stehen ...« (Joh 20,12–14). Maria, jetzt selber zwischen den Engeln und Jesus, ist am Ort des verschwundenen Todes von Leben und Leben umgeben und mitten in Ostern.
»Jesus sagte zu ihr: ›Frau, warum weinst du?‹ ...« (Joh 20,15).
Wie Einatmen und Ausatmen, wie Herzschlag und Herzschlag – zweimal die gleiche Frage, verwundert über die Trauer der Frau.

Im erkennenden ›Rabbuni‹ stirbt ihr Schmerz, wandelt sich um in Wege zum Vater, wird zur freudigen Botschaft an die Brüder: »... ›Ich habe den Herrn gesehen!‹ ...« (Joh 20,18).

Jenseits des Grabes ist Jesus jetzt Gärtner auf den fruchtlosen Äckern der Welt. Ein Sämann, streut er neuen Samen auf Felder des Leids und der Trauer, den Samen des zweiten, des niemals mehr endenden Eden. In leuchtende Gärten verwandelt sich Dürre, in betörend duftende Blüten eines niemals erlöschenden Frühlings.

»Tod, wo ist dein Sieg? Wo ist dein Stachel, Tod?«

(1 Kor 15,55)

»Jesus sprach: ›. . . Ihr werdet alle Anstoß nehmen,
denn es steht geschrieben: Ich werde den Hirten schlagen,
und die Schafe werden sich zerstreuen‹ . . .«

(Mk 14,26)

Zwei Jünger gehen von Jerusalem fort. Hinter ihnen der Horizont begräbt die Heilige Stadt und ihre rauchenden Opfer.
Zwei Jünger wollen nach Emmaus, einem vergessenen Flecken, und sollten doch, so hatte es Jesus gewollt, die Gotteswege Abrahams gehen, die Wege des Mose, des ganzen Heiligen Volkes. Und weiter sollten sie wandern, die Erde zu taufen im Namen des Vaters, des Sohnes und des Geistes Gottes.

Jesus ist tot;
tot sein Reden vom Vater;
tot sein Versprechen, den Erleuchter zu senden.

Zwei Jünger gehen von Jerusalem fort, beladen mit der Last all der finsteren Stunden; beladen mit Jesu sterbendem Schrei, der den Tempelvorhang zerriß.
Sie gehen im Zeichen der weinenden Sonne, das mit dem Kreuz und dem Lachen der Priester und Henker zu einem Meteoriten der Qualen verschmolz. Er stürzte herab und zermalmte die Hoffnung und verschloß das Grab ihres Herzens mit Trauer und Not. Zwei Jünger gehen von Jerusalem fort. –

»Und es geschah, als sie . . . sich miteinander besprachen, gesellte sich Jesus zu ihnen. Ihre Augen aber waren verschlossen, so daß sie ihn nicht erkannten.«
(Lk 24,15 und 16).
Christus geht seinen Jüngern nach. Der getötete, der lebendige Herr, der unsichtbare, der sichtbare, der stumme, der redende Meister und Lehrer geht ihnen nach, sie zu erleuchten.
». . . ›Mußte nicht der Messias dieses alles erdulden und so in seine Herrlichkeit eingehen?‹ . . .« (Lk 24,26).

Er beginnt, den Meteoriten des Schmerzes vom Grab ihres Herzens zu wälzen, damit es im Osterlicht anfange zu brennen.
»Aber ihre Augen waren verschlossen, und sie erkannten ihn nicht.«
Noch waren sie stumpf und wie gelähmt von all den Bitternissen.

»Auch wenn ich wandern muß in finsterer Schlucht, ich fürchte doch kein Unheil, denn du bist ja bei mir . . . Im Angesichte meiner Gegner deckst du mir den Tisch. Du salbst mein Haupt mit Öl, und übervoll ist mir mein Becher.«

(Ps 23, 4 und 5)

»Ihre Augen taten sich auf, und sie erkannten ihn . . .
Da sagten sie zueinander: ›Brannte uns nicht das Herz,
als er auf dem Weg mit uns sprach und uns die Schrift
erschloß?‹ . . .«

(Lk 24,31 und 32)

Drei Männer wandern nach Emmaus, in den Abend hinein, in die Nacht.
Zwei sind von Trauer umdunkelt.
Aber der Dritte, der Fremde, der Nahe, der Ferne, der Unbegreifliche, der Begreifbare, hat in seinen Worten Gottesfeuer entzündet:
Feuer, die gleißend am Anfang der Schöpfung die Finsternisse des Chaos verscheuchten (Gen 1,3); Feuer, die über Noah im Regenbogen erglühten (Gen 9,13); Feuer, die vom Sinai lohten (Ex 19,18); in Prophetenlippen die Feuer (Is 6,6 und 7); die Feuer des Ostermorgens (Mt 28,3); des Gottesgeistes flammende Zungen (Apg 2,3).

Zwei Jünger wandern nach Emmaus und werden vom brennenden Wort des Begleiters die langen Wege der Gottesverheißung geführt. Niemals zuvor waren die Großen des Heiligen Volkes so nahe. Die beiden wandern mit ihnen durch Wüsten der Not, auf die Berge der Hoffnung, von Bitterwasser zu Bitterwasser, von Mannasegen zu Mannasegen; sie durchwandern Nächte, wandern im Frühlicht.

Sie folgen der mächtigen Gottspur im Schicksal der Abrahamskinder, der Gottspur im eigenen Leben.
Die Worte des toten Meisters werden im Mund dieses Lehrers lebendig. Die Blicke des toten Meisters – lichtübersät, wenn Kranke kamen, Blinde, Verwirrte im Hunger nach Wahrheit – leuchten im Blick dieses seltsam unbekannten Bekannten.

Und Tröstung beginnt die beiden zu heilen.
Ihre Blindheit zerbricht.
Die Augen öffnen sich weit.
Nur noch der winzigen Geste des Brotebrechens bedarf's, und sie wissen:
Der bei ihnen ist Christus!
Er lebt!
Er ist nicht mehr tot!
In ihm ist Gott selber lebendig und nah!

Die Nacht ist zu Ende. Die beiden eilen den Weg zurück ins taghelle Sion und weiter von Zeugnis zu Zeugnis: Christus lebt!
Er hat gelitten, er starb.
Aber das mußte so sein, damit die Menschen erkennen: Nicht der Tod ist ihr König. Der wahre Herrscher ist Gott, und seine Gabe ist ewiges Leben durch Christus.

Bleibe bei mir, Herr, damit dein Weg und mein Weg unser Weg sei.

»Simon Petrus sagte: ›Ich gehe fischen.‹
Sie sagten zu ihm: ›Auch wir gehen mit.‹ Doch in dieser
Nacht fingen sie nichts.«

(Joh 21,3)

Wie sollte den Jüngern die Enge der alten Heimat genügen – der See, die Boote, der Fischfang?

Sie waren fortgegangen, dem Ruf Jesu gehorsam, alles zu lassen und Fahrten anzutreten, zusammen mit ihm, in die Weiten des Menschenherzens hinein. Wie sollte ihnen jetzt die Enge des früheren Lebens genügen?

Zurückgekehrt in die vertraute Umgebung, suchten sie Zuflucht. Sie begannen, das Dunkel von Golgotha noch in Gedanken und Herz, die nächtlichen, die vergeblichen Fahrten, um den leeren Tisch ihrer Enttäuschung aufs neue zu decken mit dem Mahl der eigenen Kraft. Umsonst!

Ein See kann ihren Hunger nicht stillen, seitdem sie Brot gegessen haben, das, verwandelt, Nähe des Herrn ist, seitdem sie den Wein seiner Segnungen tranken.

Die lichtlosen Netze blieben leer in der Nacht.

Aber im dämmernden Morgen, im steigenden Licht werden die Wasser dunkler Vergeblichkeiten und enttäuschter Erwartung von neuen, flammenden Ufern gesäumt. Die Nähe des lebenden Herrn entzündet sie, und sie brennen, wie einst der Dornbusch gebrannt hat, aus dem heraus Gott dem Mose das Brot seiner mächtigen Weisungen gab.

Die Ufer werden zum Ruf des auferstandenen Meisters: ›Werft die Netze aus! Meine Kraft in euren Händen wird sie füllen mit mir für euch und die vielen. Mein Tod und meine Erweckung sollen von nun an die Nahrung sein für das Leben der Welt.‹

Die Ufer werden zum Mahltisch. »Jesus sprach zu ihnen: ›Kommt und haltet Mahlzeit!‹ . . .« (Joh 21,12).

Die Ufer werden im Zeichen des Mahles, im Zeichen des brennenden Rufes zum Tor einer langen Fahrt der Verkündung über die Meere des Lebens. In seinen Jüngern begibt sich Christus auf den Weg durch die Zeit.

Er hatte sich tragen lassen vom Herzen des Abel, von der Hoffnung des Noah im Sturm, vom Suchen Abrahams nach dem Sinn der Verheißung, von Mose, von allen Propheten.

Nun gibt er sich und sein Wort in die erleuchtete Obhut der Jünger, besonders in die Obhut des Petrus, der die fruchtlosen Wasser durchschritten hatte zum Herrn hin, die leeren Hände, die starken Arme ihm entgegengereckt, willig, Lasten zu tragen, die Last seines Gottes. Für Petrus vor allen werden die brennenden Ufer zum dreifachen Anruf, zur dreifachen Weisung, die Echo ist dem dreifachen Ja auf die Frage des Meisters: ». . . ›Simon, Sohn des Johannes, liebst du mich . . .? Weide meine Lämmer! . . . Weide meine Schafe! . . . Weide meine Schafe!‹ . . .« (Joh 21,15–17).

Das Antlitz des Petrus verschmilzt – mehr als die Gesichter der übrigen Jünger – mit den Zügen des Noah, des Mose, mit dem Gesicht der Propheten, mit Abels bedrohtem Gesicht.

Jesu Stimme wird eins mit der ur-alten Stimme Jahwes. Und wir sind Israel auf den Wegen nach Eden. Petrus soll uns führen. Das Mahl der Gottesnähe soll er bereiten und die Feuer der Erleuchtungen hüten in den Nächten der Ratlosigkeit und Schuld.

Unsere Armut, Herr, wenn sie dich sucht, wird Reichtum
in dir.

XXIV

»Feuer auf die Erde zu werfen, bin ich gekommen . . .«

(Lk 12,49)

Was bleibt, ist Licht.
Was bleibt, sind die Feuer von Ostern.
Was bleibt, ist die erleuchtende Nähe des Herrn.

Dunkelheit, Düsternisse sind auch;
Nächte der Trübsal, der Krankheit, der Kriege, die
Nächte des Tods. Ungerechtigkeiten regieren, Folter und
Hohn.
Kain schwingt, als wäre nie Ostern gewesen, die Keule.
Hiob leidet an allen Straßen der Erde.

Dennoch: Die finsteren Wüsten der Welt sind durch
Ostern Felder geworden, die nach dem Samen des Guten
verlangen.
Was bleibt, ist, die Äcker der Zeit mit Licht zu
bepflanzen im Namen des Herrn.
Was bleibt, ist, die Tische zu decken mit den Früchten des
göttlichen Lichts, mit Güte, Verzeihen, helfender Liebe,
Verstehen und Frieden.

Jeder sei Licht auf dem Acker der Welt.
Jeder brenne im Osterleben des ewigen Gottes.
Wenn alle entflammten von der Nähe des Herrn, vom
Zeichen seiner verzehrenden Glut, vom Zeichen des
Brots, des verwandelten Weines, dann wäre jeder,
gemeinsam mit Christus, dem andern eine stützende
Säule aus Licht auf den Wegen nach Haus.

Der Maler und Pfarrer
Siegfried Köder

Daten zu Leben und Werk

1925	in Wasseralfingen am 3. Januar geboren.
1943	Abitur. Seit seiner Schulzeit im Bund Neudeutschland.
1943–45	bei der Deutschen Wehrmacht.
1944	an der Atlantikküste gefangengenommen.
1945	zu Weihnachten entlassen.
1946–48	drei Semester an der »Staatlich Höheren Fachschule in Schwäbisch Gmünd«. Ziseleur und Silberschmied.
1948–51	Studium an der Kunstakademie in Stuttgart bei den Professoren Karl Zeller, Karl Hils und vor allem Hermann Sohn in dessen Malklasse. Examen für Kunsterzieher.
1952	Studium der Anglistik in Tübingen.
1953	Referendarjahr in Stuttgart am Zeppelingymnasium.
1954–65	Kunsterzieher am Schubartgymnasium in Aalen.
1965	verließ er diesen Beruf vierzigjährig als Oberstudienrat. Studium der Theologie in Tübingen und München. In Tübingen hörte er unter anderen bei den Professoren Karl August Fink, Karl Hermann Schelkle, Alfons Auer, Herbert Haag, Josef Ratzinger, Hans Küng, Josef Rief, Max Seckler, Rudolf Reinhardt, Josef Möller.

Er wohnte während des Studiums im Wilhelmstift und im Johanneum. Dort lernte er Herbert Leroy kennen. Während des Münchener »Freisemesters« Begegnung mit P. Theo Schmidkonz.

1970	Examen »pro Seminario«.
1970–71	Priesterseminar Rottenburg.
1971	Priesterweihe in Rottenburg am 17. 6.
1971–75	Vikar in St. Maria Suso Ulm.
1975	Ausstellung in Wasseralfingen.
1975	bis heute Pfarrer in Rosenberg und Hohenberg.
1980	Ausstellung in Berlin.

Reisen nach Frankreich, Spanien (vor allem Santiago de Compostela), Italien, Türkei und Nordafrika, auch bis zum Polarkreis.

Werke

1953 Metallkreuz und Wandgemälde in der Kapelle der Burg Niederalfingen

1958 Schöpfungsfenster und Wandbehang für die Kirche in Onolzheim

1963 Bronzetür für das Rathaus in Wasseralfingen

1965 Steinaltar, Bronzekreuz und Tür für St. Stefanus in Wasseralfingen

1965 Bronzechristus für das Haus Rieger in Unterkochen (1967 für das Grab seines Vaters in Wasseralfingen, 1968 für die Friedhofskapelle in Bühl bei Tübingen)

1967 »Eine Tübinger Bibel« entstand während des »Freisemesters« in München

1967 Totentanzfenster für die Friedhofskapelle in Ebnat auf dem Härtsfeld

1970 Wasseralfinger Tabernakelaltar (Vgl. hierzu die Farbtafeln XVIII, XX, XXI, XXIV dieses Buches)

1974 Arbeiten in der St.-Annaklinik in Ellwangen (u. a. eine Bronzetür)

1974 Neue Bilder der Heiligen Schrift (Lesejahr A). Vergleichen Sie in diesem Buch die Kapitel:

II	5. Fastensonntag
XI	Palmsonntag
III	Karfreitag
XIX	Ostern
XXII	Ostermontag
XXIII	3. Sonntag der Osterzeit
XVII	5. Sonntag der Osterzeit
I	27. Sonntag im Jahreskreis
XIII	Christkönig
XV	Kreuzerhöhung
XVI	Allerseelen

1975 Kreuz und fünf Passionsbilder in St. Maria Suso zu Ulm (Vgl. hierzu die Farbtafeln V, VIII, IX, XII, XIV dieses Buches)

1975 Fensterzyklus in der Heilig-Geist-Kirche zu Ellwangen (Vgl. die Veröffentlichung »Und mit deinem Geist« s. u.) Noch nicht vollendet

1975 Typologische Fenster in Hohenberg. Noch nicht vollendet

1976 Bronzekreuz für die Friedhofskapelle in Rosenberg

1979 Beginn der Arbeit an der Hauswand des Pfarrhauses in Hohenberg (Jakobuslegende und -fahrt)

1980 Ölgemälde »Christus als Harlekin« für die Ausstellung beim Katholikentag Berlin in der Deutschen Oper (Vgl. Farbtafel zu X)

1980 Fenster in der St.-Anna-Kapelle in St. Moriz zu Rottenburg-Ehingen

Veröffentlichungen des Künstlers

1968   *Eine Tübinger Bibel in Bildern* (großformatige Ausgabe)
Schwabenverlag Stuttgart und Ellwangen

1972   *Eine Tübinger Bibel* (Folioausgabe mit betrachtenden Texten von Josef Anselm Adelmann, Herbert Leroy, Rainer Ruß, Theo Schmidkonz und Heinz Tiefenbacher)
Verlag Kath. Bibelwerk Stuttgart

1973   *Illustrationen* zu Gerhard Lohfink, *»Jetzt verstehe ich die Bibel«*

1974   *ebenso* zu Diego Arenhoevel, *»So wurde die Bibel«*

1974   *»Menschen in der Passion«*

1975   *ebenso* zu Alfons Weiser, *»Was die Bibel Wunder nennt«*

1975   Sr. Paula Angelika Seethaler, *»Ahnungen des Ewigen«* (Wasseralfinger Altar)

1976   *Wasseralfinger Altar* (Dias)

1976   Rainer Ruß, *»Ein Hirtenbrief der Hoffnung«*, Bilder von Siegfried Köder

1977   *»Neue Bilder der Heiligen Schrift«* (Texte und Dias)

1978   Kunstverein der Diözese Rottenburg-Stuttgart Jahrbuch S. 143 ff., *»Gedanken zu einem Tuch der Veronika«*

1979   Theo Schmidkonz, *»Wo bist Du Gott?«* (Dias aus der *Tübinger Bibel*)

1980   Herbert Leroy, *»Und mit deinem Geist«* (Zyklus in Heilig-Geist Ellwangen)
Vaas Verlag Ulm

1982   Zeichnungen zu Josef Anselm Adelmann, *»Aufatmen beim lieben Gott.«*
Verlag Herder Freiburg

1982   *»Versöhnung, Bilder zu Passion und Ostern«* (mit Texten von Josef Anselm Adelmann und Peter Baumhauer)
Süddeutsche Verlagsgesellschaft Ulm

Josef Anselm Adelmann

Lebenslauf

1924   Am 4. 10. in Köln als zehntes Kind einer
schwäbischen Familie geboren.
Der Vater, Sigmund Graf Adelmann, starb
1926 in Köln, die Mutter, Irma, geborene Freiin
v. Hake, starb 1968 in Ellwangen.

1930–43   Besuch der Volksschule in Köln-Müngersdorf
und sodann der Gymnasien in Köln und
Ellwangen.

1943–45   Beim Reichsarbeitsdienst, dann bei der Wehr-
macht: in Frankreich ausgebildet, verwundet in
Rußland, gefangen in Deutschland, entlassen
als Leutnant d. R.

1946–50   Studium der Rechte. Referendar.

1950–54   Studium der Theologie in Tübingen und
München. Nach dem Examen im Priester-
seminar in Rottenburg.

1955   Priesterweihe am 17. 7. in Stuttgart

1955–73   Vikar in Stuttgart, Studentenseelsorge in
Tübingen, Pfarrer in Bühl bei Tübingen. Kirchlicher Beauftragter beim Südwestfunk.

1973   Seelsorger in Stuttgart-Frauenkopf. Kirchlicher
Beauftragter beim Süddeutschen Rundfunk.

1979   Vorstand des Kunstvereins der Diözese Rottenburg Stuttgart.

Veröffentlichungen

Kurzansprachen in der Herder Bücherei:
»Sonne Gottes ein Mal täglich«
»Vitamine für's Herz«
»Aufatmen beim lieben Gott«

Frömmigkeitsgeschichtliche Arbeiten:
»Christus auf dem Palmesel«
»Der barocke Altar als Bedeutungsträger von Theologie
und Frömmigkeit«
»Schwäbische Barockkrippen«.

Peter Baumhauer

Lebenslauf

1931	in Schwäbisch Gmünd geboren
1951	Abitur
1952–56	Studium der Theologie
	nach dem Theologischen Staatsexamen von
1957–62	Studium der Germanistik und Anglistik, Staats-
	examen
1964–71	Lehrtätigkeit am Gymnasium in Kirchheim
	unter Teck
seit 1971	Dozent am Pädagogischen Fachinstitut und
	Fachseminar in Kirchheim unter Teck
	Peter Baumhauer lebt in Gutenberg am Fuß der
	Schwäbischen Alb

Veröffentlichungen

1976	Der Süddeutsche Rundfunk sendet die Dich-
	tung »Der Prophet«
1982	»Von Herzschicht zu Herzschicht«
	Gedichte
	Vaas Verlag Ulm
	verschiedene Einzelveröffentlichungen von
	Erzählungen und Gedichten